Nochmal Magic Mystery Music mit dem 3. Teil und
mein Leben und Lyrics und Fotos und der 27. März

Ich bin Gerd Steinkoenig, der Autor

mit Michelle Connery, meine Seele

mit Beatrice Farber, meine Zeitläuferin

© 2025 Gerd Steinkoenig, Michelle Connery, Beatrice Farber
Verlag: BoD · Books on Demand GmbH, Überseering 33, 22297 Hamburg,
bod@bod.de
Druck: Libri Plureos GmbH, Friedensallee 273, 22763 Hamburg
ISBN: 978-3-8192-0851-5

23. März um 18:50 ·

THE NEVERENDING STORY....

Schon wieder vergessen.... Nach 3 (!) Büchern inkl mein bestes Buch ever "Magic Mystery Music mit stark erweiterte Neuausgabe", wären noch weitere Alben: Short Stories (Jon & Vangelis 1980, einer meiner ersten CDs, verschollen), Fire and Water (Free 1970, hatte die Vinyl-LP, verschollen), meine 2 Pappenheimer von Pink Floyd: Roger Waters (Us And Them 2020), David Gilmour (Live at Pompeii 2017) - diese 2 Live-CDs habe ich erst vor Kurzem und vergaß es tatsächlich.... Es gäbe noch Weiteres, aber als Zusammenfassung dann doch nix... Bei meinen Absoluten dann doch sehr viel mit Genesis, Pink Floyd und und... Diee 4 Alben sind also "neu" - oh, Gilmour war doch schon (78er Album)... Einiges ist nicht vergessen, obwohl ich es kenne: denn für mich ist Red Ot Chili Peppers, Motörhead, Nickelback, Modern Talking gequilte Scheiße... Zum Teil aus meinen verschissenen Lebensoasen (zB Motörhead, denn viel früher hatte ich das Hammersmith-Livealbum), zum Teil tatsächlich gequillte Scheiße (zB die Hackfressen von Modern Talking, Nickelback...). Eieiei, hab vergessen die Photo Finish von Rory Gallagher (hatte die Vinyl) - The Neverending Story... Wie gesagt: mein Magic Mystery Music mit stark erweiterte Neuausgabe st geil!! Jeder Musikiterat, Musikjournalist vergisst, zB aus dem ro ro ro-Rocklexikon ohne Marillion... Beim Vorgänger Magic Mystery Music war auch ein geiles Buch - aber ohne Kansas, Quicksilver Messenger Service etc... Ich wollte die Perfektion - und vergaß dann doch Jon and Vangelis...

Foto: der Autor

C P Gerd Stein Gerd Steinkoenig 23. März 2025

Gerd Stein hat 3 neue Fotos zu dem Album „Mein letztes Buch!!" hinzugefügt.

24. März um 12:05 ·

Auch in den USA! Kauft mich! Quelle: Amazon USA! Besonders zu meinem neuen und besten Buch Magic Mystery Music mit stark erweiterte Neuausgabe! Mit meinen Alben ist neverending Story... Im Nachhinein doch vergessen: Fire And Water (Free 1970), Short Stories (Jon & Vangelis 1980) etc etc... KlappenTXT hatte ich Nachhinein verbessert. Aus Versehen doch: 2 x BAP... Mein bestes Buch von 78 ISBN-Books! Mit Infos von Musikliteratur/Wikipedia/der Autor! 8chmökern und erinnern und hören über Genesis, Pink Floyd, The Beatles, Kate Bush, Neil Young...

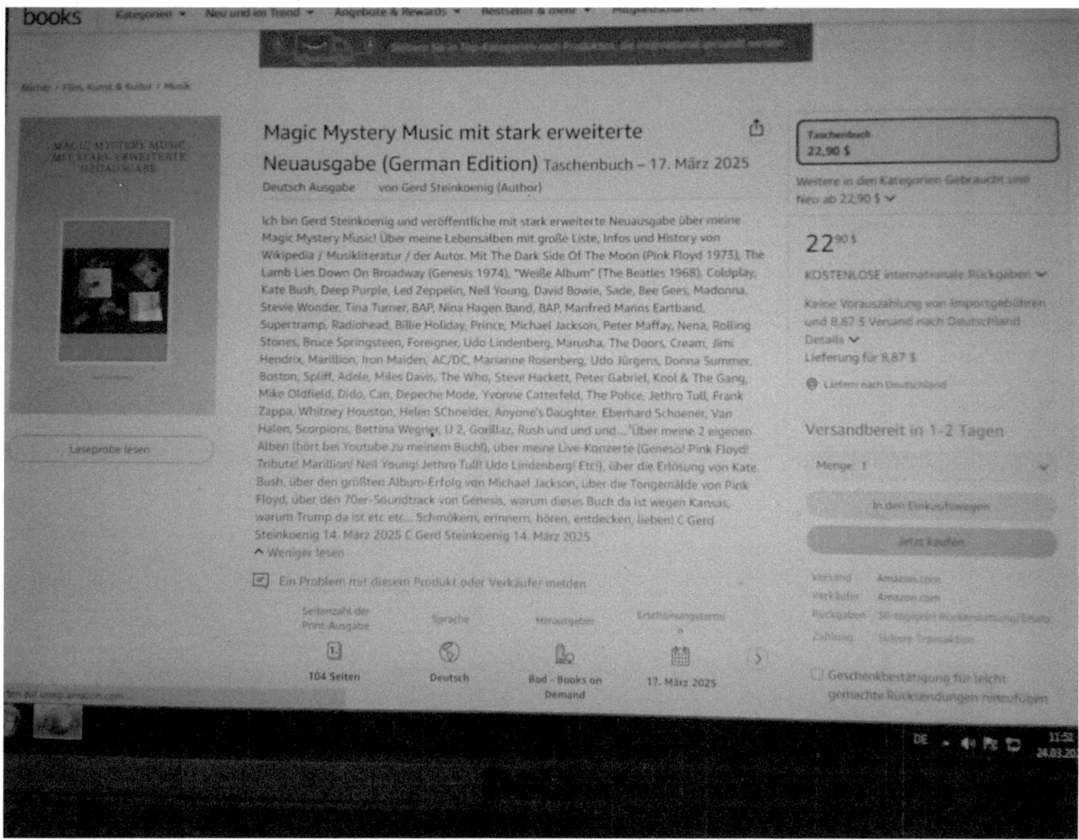

Neue Montagstradition... Statt Barnaby (ZDFneo), jetzt Doctor Who (Tele 5)!! Hatte alles gesehen bei ONE - dann kam Streaming... Ist schon eine Weile mit The Doctor bei Tele 5 (wegen Barnaby), aber nun bin ich wieder "verfallen" bei Doctor Who! Britische SciFi-Legende mit Horizonte, Fantasie, Action, Humor! Von 20:15 bis Mitternacht ☺

(24.03.25)

HD
TELE
NEUE FOLGE

#OnThisDay in 2022 - Phil Collins, Tony Banks, Mike Rutherford, Daryl Stuermer and Nic Collins played the final show of Genesis' "The Last Domino?" tour at The O2 Arena in London.

— mit Tony Banks und

2 weiteren Personen

 in London, Vereinigtes Königreich.

27. März um 16:57 ·

Aus 13 Songs wurden 17 Songs! Weiter verbessert mit MEINEN 17 Songs! Es ist NIE perfekt - Supper's Ready fehlt, weil zu lang in dieser Compilation. Meine Genesis-Life-Songs sind da: Blood On The Rooftops, Mad Man Moon, Tonight Tonight Tonight etc etc. Es wäre zu lange gewesen für diesen Sampler, daher die 17 - Afterglow nicht da... Für mich sind es meine 17 Genesis-Songs aus allen Zeiten von The Lamb Lies Down On Broadway bis Fading Lights ☺ C P 27.03 2025 (Mutters 87. Geburtstag) Gerd Stein Gerd Steinkoenig

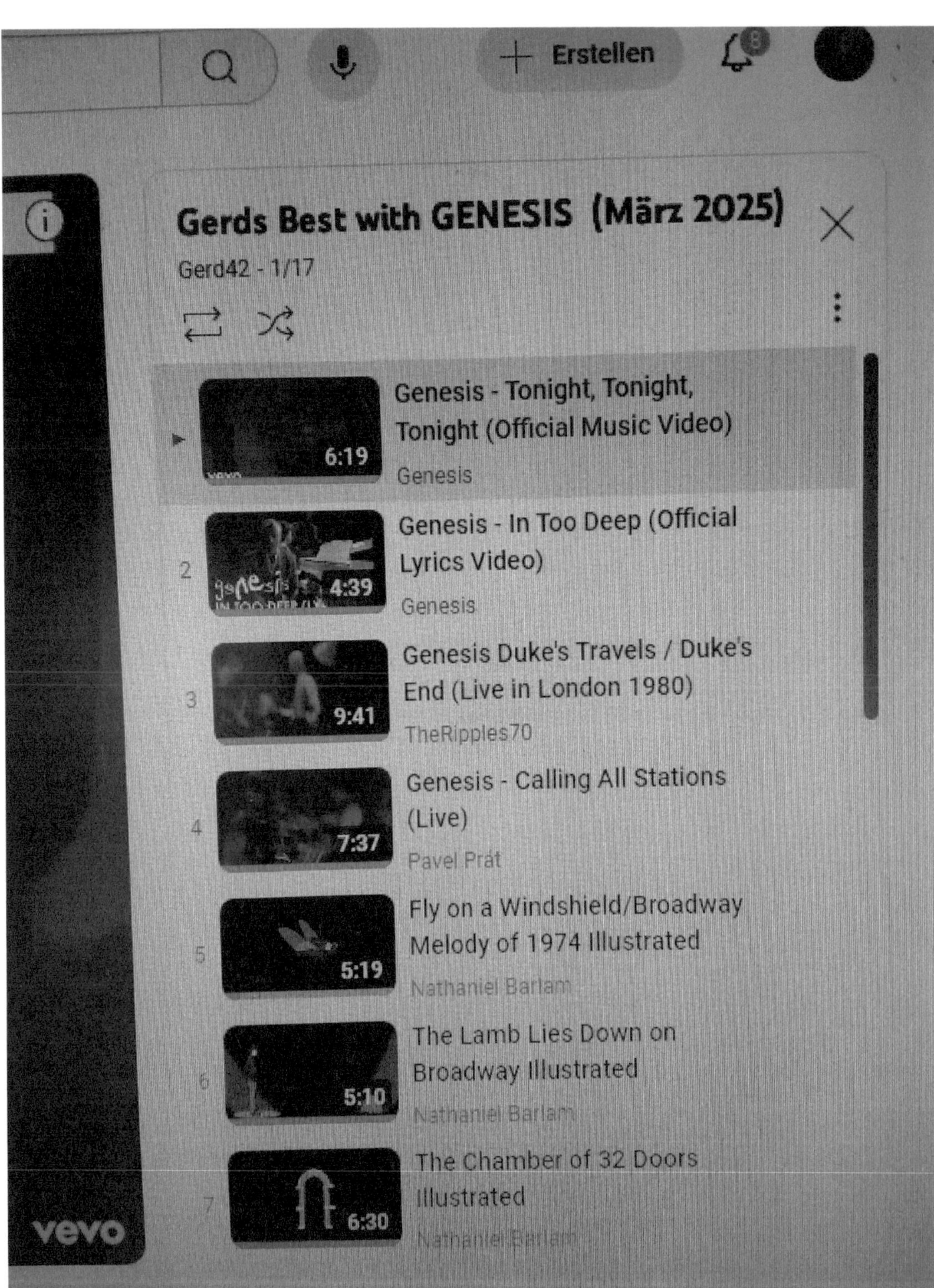

Erstellen
Gerds Best with GENESIS (März 2025)
Gerd42 - 1/17
Genesis - Tonight, Tonight, Tonight (Official Music Video)
6:19
Genesis
2
Genesis - In Too Deep (Official Lyrics Video)
4:39
Genesis
3
Genesis Duke's Travels / Duke's End (Live in London 1980)
9:41
TheRipples70
4
Genesis - Calling All Stations (Live)
7:37
Pavel Prát
5
Fly on a Windshield/Broadway Melody of 1974 Illustrated
5:19
Nathaniel Barlam
6
The Lamb Lies Down on Broadway Illustrated
5:10
Nathaniel Barlam
7
The Chamber of 32 Doors Illustrated
6:30
Nathaniel Barlam
vevo

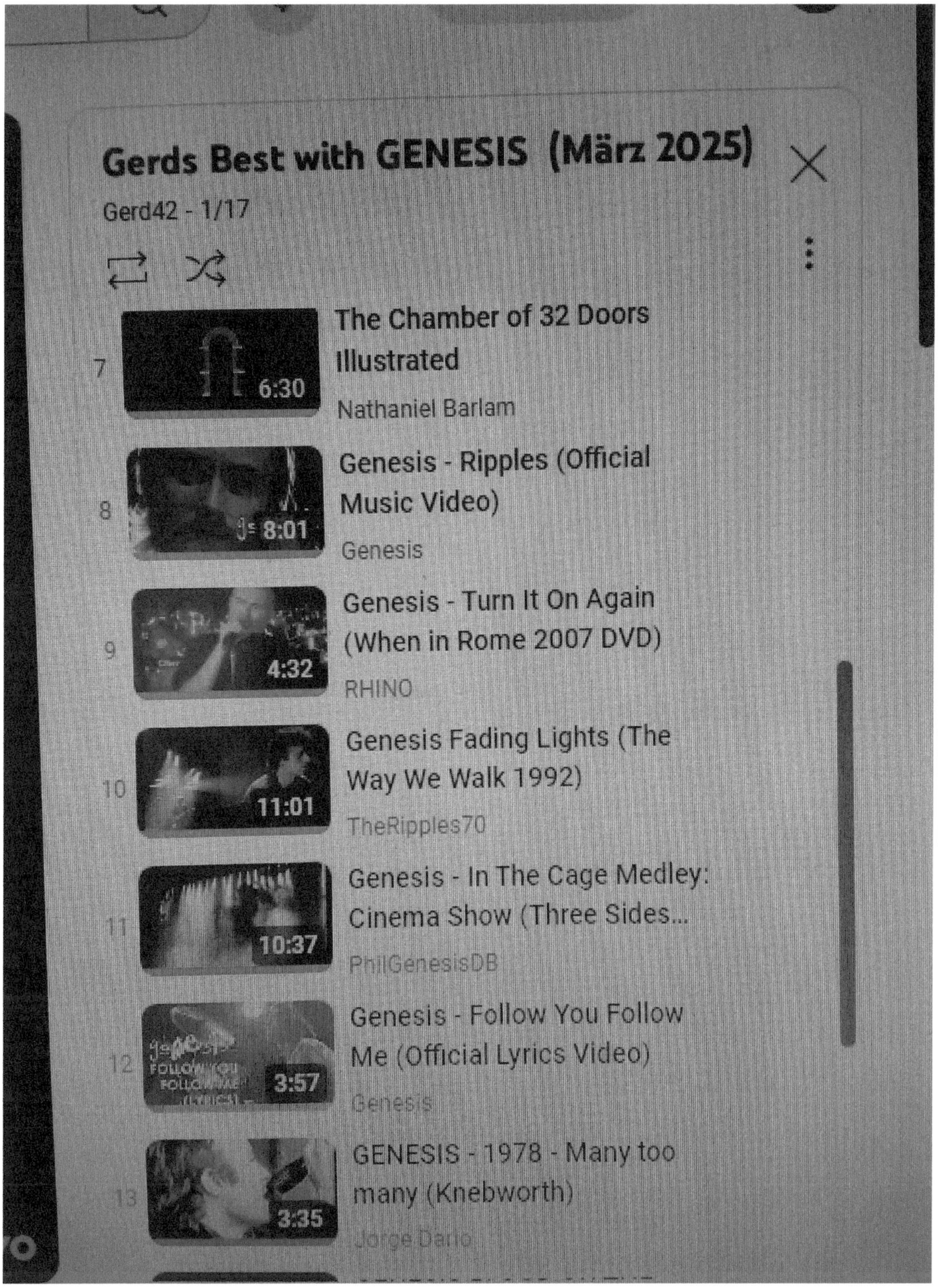

Gerds Best with GENESIS (März 2025)

Gerd42 - 1/17

7 — The Chamber of 32 Doors Illustrated
6:30
Nathaniel Barlam

8 — Genesis - Ripples (Official Music Video)
8:01
Genesis

9 — Genesis - Turn It On Again (When in Rome 2007 DVD)
4:32
RHINO

10 — Genesis Fading Lights (The Way We Walk 1992)
11:01
TheRipples70

11 — Genesis - In The Cage Medley: Cinema Show (Three Sides…
10:37
PhilGenesisDB

12 — Genesis - Follow You Follow Me (Official Lyrics Video)
3:57
Genesis

13 — GENESIS - 1978 - Many too many (Knebworth)
3:35
Jorge Dario

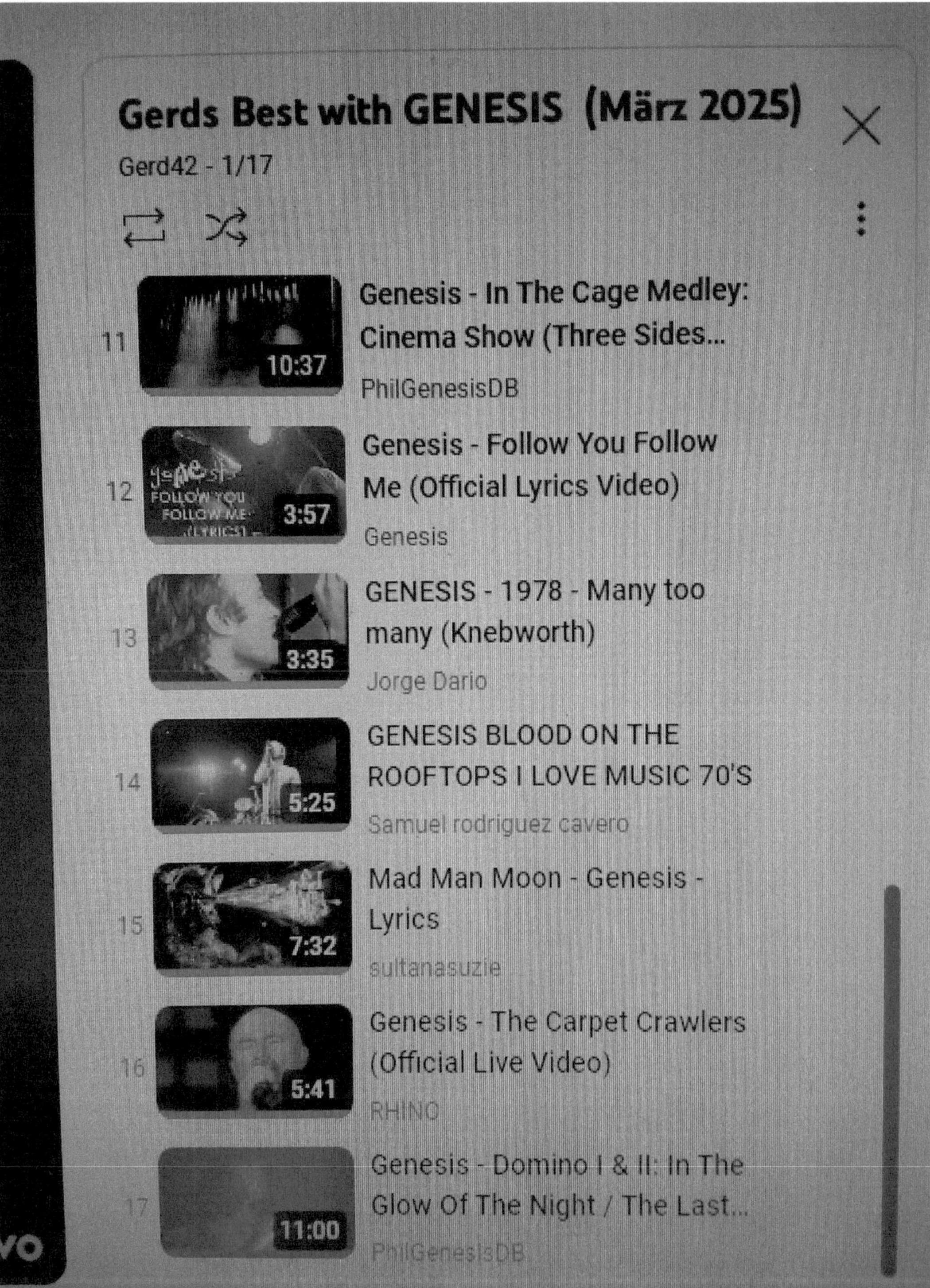

Gerds Best with GENESIS (März 2025)
Gerd42 - 1/17
11   10:37   Genesis - In The Cage Medley: Cinema Show (Three Sides...
PhilGenesisDB
12   3:57   Genesis - Follow You Follow Me (Official Lyrics Video)
Genesis
13   3:35   GENESIS - 1978 - Many too many (Knebworth)
Jorge Dario
14   5:25   GENESIS BLOOD ON THE ROOFTOPS I LOVE MUSIC 70'S
Samuel rodriguez cavero
15   7:32   Mad Man Moon - Genesis - Lyrics
sultanasuzie
16   5:41   Genesis - The Carpet Crawlers (Official Live Video)
RHINO
17   11:00   Genesis - Domino I & II: In The Glow Of The Night / The Last...
PhilGenesisDB

27. MÄRZ - DIE GEBURT VON MUTTER

Hatte recherchiert über Kojak und Columbo zu dieser Überschrift. Und siehe da, ich hatte öfter falsch geschrieben! Schon im 1. Buch 2017 schrieb ich, Kojak und Columbo waren Dienstags 21:45h (ARD) abwechselnd. Ein paar müsste es so sein - aber immer anscheinend doch nicht. Ich bin echt ein Erinnerungsfreak und jetzt sowas, dank Wikipedia....

27. März 1975

Mutter's 37. Geburtstag, ich war 15 (erst am 9.11.75 war ich 16), Vater war 39 (am 6.8.75 wurde er 40). Ich war in der Handelsschule Zipp, der Sommer 1975 mit Mutter (Vater war unter den Wochen großer beruflicher Lehrgang) mit "Vom Telefon zum Mikrofon"-Wunschkonzert beim Radio, Skylab müsste auch da sein, oft mit richtigen Sommer draußen zusammen gesessen, meine MC & Radio-Musik (ab und zu LPs 74/75 mit Ball Pompös/ Udo Lindenberg, Weiße Album/Beatles), und eben in der ARD Columbo (lt Wikipedia ein paar Wochen später vom 27.3.75) und Kojak (lt Wikipedia tatsächlich ab 1973 in der ARD, ich dachte erst 75 gleichzeitig), natürlich Musikladen, Iljas Disco, ZDF-Hitparade....

27. März 2025

50 Jahre später... Mutters 87. Geburtstag, ich bin 65 (erst am 9.11.25 bin ich 66), Vater wäre 89 (am 6.8.25 wäre er 90). Mutter wohnt in Fuerteventura, das Haus von 1975 ist Vergangenheit. Frühabends haben wir tägliches Telefonat, ob alles klar ist. 2025 kommt die Neue Weltordnung, Trump will US-Autokrat sein, Europa muss erwachsen sein ohne die USA. Hatte gerade eine You Tube-Playlist über Genesis kreirt. Wenn man bedenkt was 1975 war und jetzt 2025... 2 Welten... 1975: Telefonwählscheibe, 2025: telefonieren mit Smartphone (ok, ich hab tatsächlich Old School-Festnetz), 1975: 3 TV-Programme, 2025: diverse Varianten zB bei mir Magenta TV mit Hunderten TV-Programmen (und 75 war auch mal auf dem Hausdach mit der Antenne tätärä...). Und natürlich meine Musik: 1975: Offenbarung 2025: Uniformierung. Jetzt hab ich die neue Motivation mit Mutter: de Vadder, iss doch bald bis zum 6.8.... Dann issa 90...

C P 27.März 2025 Gerd Stein Gerd Steinkoenig

Anggia Sargiah · Folgen

Mitglied mit herausragender Beteiligung

· 23. März um 15:52 ·

Peter Gabriel (born Peter Brian Gabriel on February 13, 1950) is an English singer, songwriter, and musician best known as the original lead vocalist of the progressive rock band Genesis and for his highly successful solo career.

Gabriel gained fame with Genesis in the late 1960s and early 1970s, known for his theatrical stage presence and elaborate costumes. He left the band in 1975 to pursue a solo career, releasing his self-titled debut album in 1977. His breakthrough came with the 1986 album So, which featured hits like "Sledgehammer," "In Your Eyes," and "Don't Give Up" (a duet with Kate Bush). So became his most commercially successful album, with "Sledgehammer" earning nine MTV Video Music Awards.

Beyond music, Gabriel is known for his work in world music, founding the Real World Records label, and co-founding the WOMAD (World of Music, Arts and Dance) Festival. He has also been an advocate for humanitarian causes, collaborating with organizations like Amnesty International.

With numerous Grammy Awards, an induction into the Rock and Roll Hall of Fame (both as a solo artist and with Genesis), and a reputation for innovative music videos and live performances, Gabriel remains one of the most influential artists in rock and world music.

DIE FREUDSCHE SEXUELLE BELÄSTIGUNG

Edith Skinner

25. März um 21:14 ·

By Paweł Kuczyński

ttt - titel thesen temperamente

Gestern um 07:23 ·

„Clapton is god": Wer die Verehrung seiner Fans sicher weiß, ist im Musik-Olymp angekommen. Eric Clapton, von seinen Fans respektvoll „Slowhand" genannt, gehört seit beinahe 60 Jahren zur Elite der Rockmusik. Als Gitarrist, als Komponist und als Sänger setzte er Maßstäbe und schrieb in so unterschiedlichen Formationen wie den „Yardbirds",

„Cream" oder „Blind Faith" Musikgeschichte. Heute wird der Musiker 80 Jahre alt. ☞ Weiter im 1. Kommentar.

Kommentare

Gerd Steinkoenig

Die Hälfte der Kommentare inkl ttt: nur Musiklegasteniker und Bedenkenträger....

16 Std.

Antworten

Verfasser

ttt - titel thesen temperamente

Seine Solo-Karriere in den 70er Jahren bescherte ihm Hits und ein hohes Ansehen sowohl der Blues- wie der Rockfans. „Layla", „I shot the sheriff", „Wonderful tonight" und „Tears in heaven" sind neben vielen anderen Songs ins kollektive Musikgedächtnis eingegangen. Mit 17 Grammy Award für seine Arbeit, einem dreifachen Eintrag in die Rock'n Roll Hall of Fame und Millionen verkauften Alben zählt Clapton zu den bedeutendsten Musikern unserer Zeit.

Ganz unumstritten ist Eric Clapton aufgrund seiner politischen und gesellschaftlicher Haltung, sowie kontroverser Aussagen nicht. Begründete Rassismusvorwürfe in den 80ern und seine deutliche Kritik an den Maßnahmen im Rahmen der Corona-Pandemie, die manche als unverantwortlich empfanden, belasten noch heute seinen Ruf.

1 Tag

Ja

Ich hörte das "Clapton is god" auf ein Rechtschreibfehler beruht da irgendein Typ eigentlich " Clapton is good" schreiben wollte. Ich mag Eric's Musik. Was mich allerdings total schockierte waren seine Rassistischen Reden auf der Bühne in den 70s gegen Einwanderer aus dem Arabischen Raum. Er war zu der Zeit sehr auf Alkohol und Dorgen hat er in ein Radio Interview berichtet. Aber gut an seinem Geburtstag möchte ich jetzt auch nicht die Geburtstags Stimmung vermiesen. عيد ميلاد سعيد wie man auf arabisch gratuliert. 😁

1 Tag

Antworten

Bearbeitet

Ro

Hier wissen ja einige genau Bescheid. Für mich ist er jetzt auch nicht gleich ein Genie, aber er ist doch einer der einflussreichsten Gitarristen in der populären Musik unserer Zeit. Kann man doch neidlos anerkennen. Dass er politisch so ein bisschen verwirrt scheint, ist ja schon fast Normalität. Man sollte auch nicht vergessen, dass der arme Kerl sich ja auch mit Alkohol und Drogen so ziemlich abgeschossen hat.

1 Tag

Antworten

Al

Was Clapton dabei nicht sagt: Der Müll aber ist der Mainstream. Das war in den 60ern/70ern und 80ern nicht so krass wie heute.

23 Std.

Antworten

Top-Fan

Lo

Ich finde ihn Live gut. Die Studioalben..na, ja. Berühren mich nicht. Da war ein Rory Gallagher, ein Stevie Ray Vaughan... letzterer hat mich niemals mehr losgelassen.

1 Tag

Antworten

6 von 128

(von facebook, 30. März 2025! Und ich hatte immerhin 3 Likes... Hehe...)

Today in 1983, Pink Floyd released The Final Cut, their last album with founding bassist Roger Waters.

"A Roger Waters solo album in all but name, The Final Cut is a disappointing Pink Floyd album but a good start to Waters' solo career. Rick Wright was no longer in the band while David Gilmour and Nick Mason were restricted to doing as they were told. The overall theme – the futility of war – was never going to be a barrel of laughs but without the other members distinctive sense of drama the atmosphere of unremitting gloom becomes overwhelming.

"However The Final Cut has a greater sense of clarity than The Wall. It is also more bitter and vicious as the opening Post War Dream shows with its caustic attack on the nature of war. On The Fletcher Memorial Home Waters literally spits out his condemnation of the world's 'incurable tyrants': Leonid Brezhnev, Ronald Reagan and Margaret Thatcher."

Words: Hugh Fielder / Classic Rock

2 Collagen Landau in der Pfalz 28.03.25

Mr. Ghostwriter

27. März um 07:12 ·

DAS IST EIN VERBRECHEN!
JA, ABER WENIGSTENS WERDEN LEUTE IN DER ZUKUNFT ERKENNEN WIE VIEL LEISTUNG WIR IN DEN BAU DER PYRAMIDEN GESTECKT HABEN!
DIESE DINGER WURDEN EINDEUTIG VON ALIENS GEBAUT!

Sorge dich mehr um
dein
Gewissen
als um deinen
Ruf!
Denn dein Gewissen
ist das, was du bist,
dein Ruf ist das,
was andere von
dir halten.
Und das, was die
anderen
von dir halten,
ist ihr Problem!
Herz über Kopf Sprüche

Betty Ava Pan

20. März um 13:10 ·

Barbaren, die Tierbabys essen😭

Kommentare

Ch

Die überhaupt Lebewesen fressen

1 Wo.

Antworten

Co

Grauenhafte Menschheit!!!💔

Und so rennen sie alle in die Kirche, mit blutverschmierten Gesichtern, beten Jesus an, feiern die Wiedergeburt, die Menschen sind falsch abgebogen, denkt der Herr da oben!

1 Wo.

Antworten

Va

#govegan #veganfürdietiere #tierschutz #tierrechtejetzt #tierliebe #tierefühlen

1 Wo.

Antworten

Va

Tiere sind Lebewesen ,keine Lebensmittel ❤

1 Wo.

Antworten

Sa

Geteilt 😊😊😊

1 Wo.

Antworten

Ri

Ist möglicherweise ein Bild von 1 Person und Text „STREITER DER NACHT MALAMANOT F yT EASTER LAMB"

1 Wo.

Antworten

6 von 18 (in facebook)

www.mutigleben.de
Wenn ich wüsste,
dass morgen die Welt untergeht,
würde ich heute noch
ein Apfelbäumchen pflanzen.
(Martin Luther)

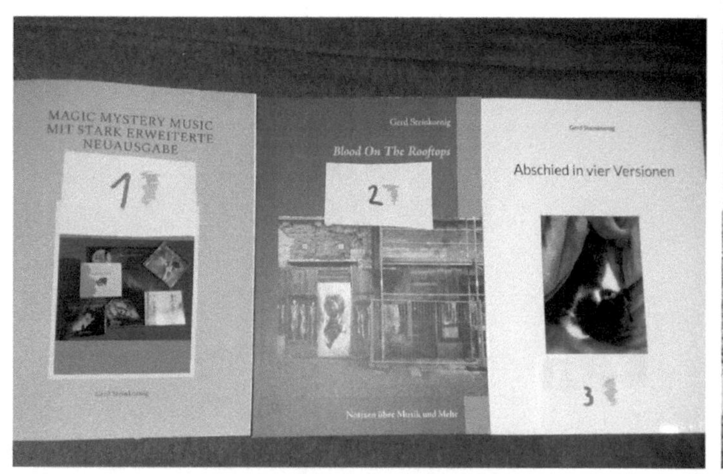

MAGIC MYSTERY MUSIC
MIT STARK ERWEITERTE
NEUAUSGABE
Gerd Steinkoenig
Blood On The Rooftops
Gerd Steinkoenig
Abschied in vier Versionen
Notizen über Musik und Mehr

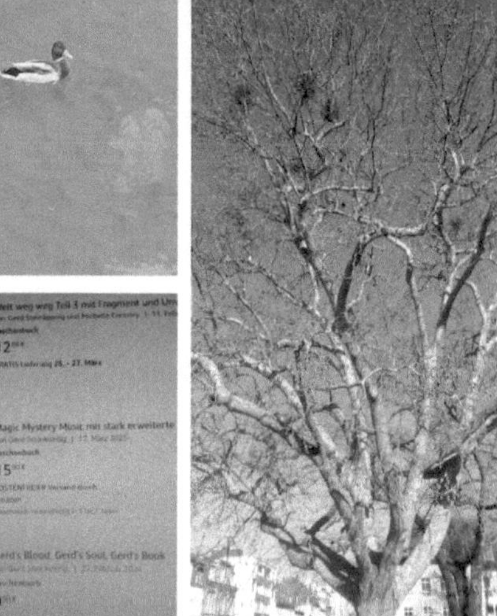

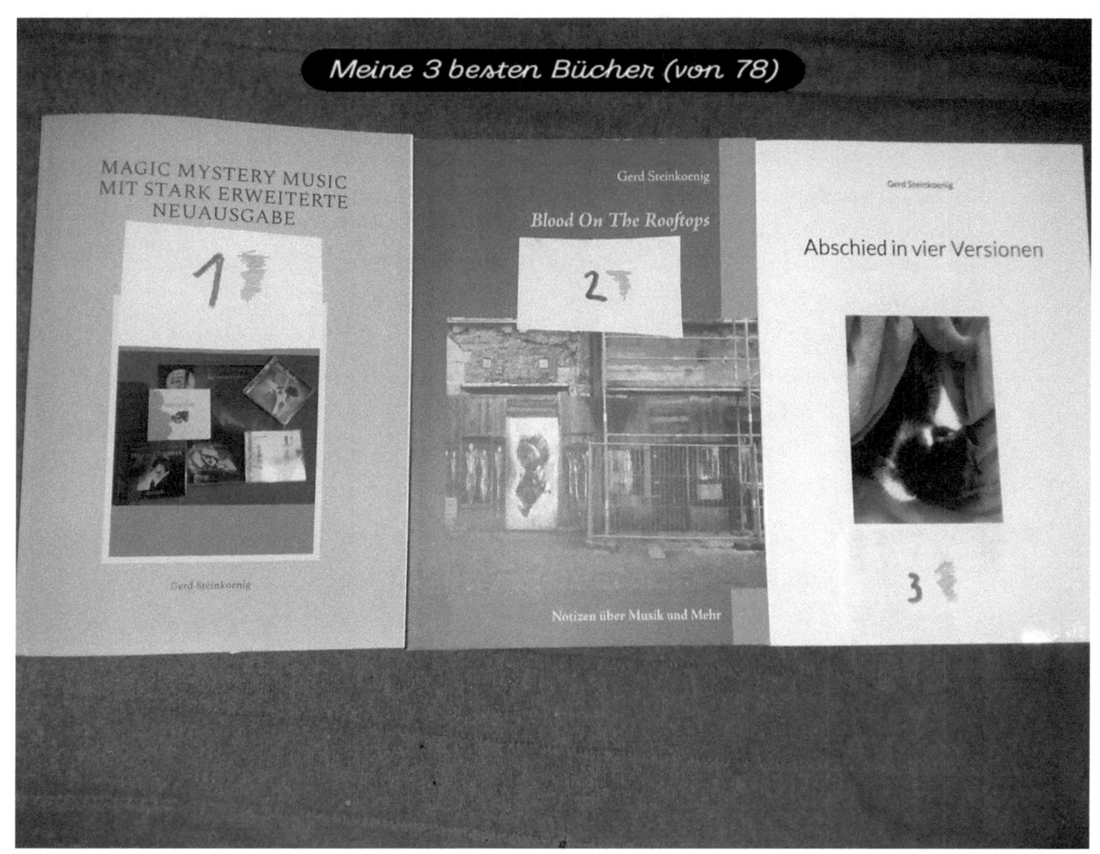

JAAAAAAAA!! KAUFT MICH!!

AUS ECLIPSED APRIL 2025

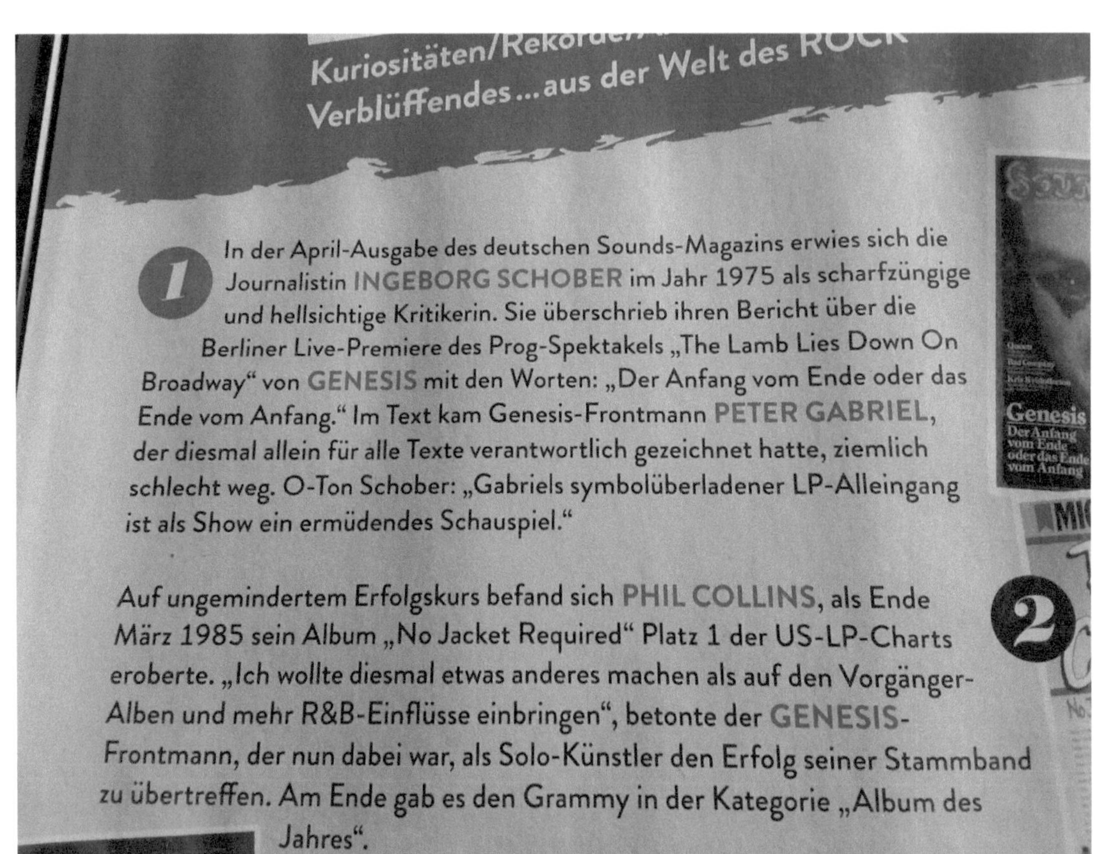

1 In der April-Ausgabe des deutschen Sounds-Magazins erwies sich die Journalistin INGEBORG SCHOBER im Jahr 1975 als scharfzüngige und hellsichtige Kritikerin. Sie überschrieb ihren Bericht über die Berliner Live-Premiere des Prog-Spektakels „The Lamb Lies Down On Broadway" von GENESIS mit den Worten: „Der Anfang vom Ende oder das Ende vom Anfang." Im Text kam Genesis-Frontmann PETER GABRIEL, der diesmal allein für alle Texte verantwortlich gezeichnet hatte, ziemlich schlecht weg. O-Ton Schober: „Gabriels symbolüberladener LP-Alleingang ist als Show ein ermüdendes Schauspiel."

Auf ungemindertem Erfolgskurs befand sich PHIL COLLINS, als Ende März 1985 sein Album „No Jacket Required" Platz 1 der US-LP-Charts eroberte. „Ich wollte diesmal etwas anderes machen als auf den Vorgänger-Alben und mehr R&B-Einflüsse einbringen", betonte der GENESIS-Frontmann, der nun dabei war, als Solo-Künstler den Erfolg seiner Stammband zu übertreffen. Am Ende gab es den Grammy in der Kategorie „Album des Jahres". **2**

...magische ...äuserfront

Von Sascha Seiler

Was macht ein Album ikonographisch? Ist es sein musikalischer Wert, seine Wirkung als Gesamtkunstwerk, seine Fähigkeit, die jeweilige Zeit seines Erscheinens (pop)-kulturell perfekt zu reflektieren? Oder sind es seine Verkaufszahlen? Es ist, wie so oft, eine Mischung aus all diesen Elementen, die dafür sorgen, dass ein Album als Repräsentant seiner Ära und auch der Band, die es aufgenommen hat, angesehen wird. Im Fall von Led Zeppelins „Physical Graffiti" erst recht. eclipsed begibt sich zum 50. Geburtstag des Wunderwerks auf Spurensuche.

Elektronik

JEAN-MICHEL JARRE

„Zoolook 40th Anniversary"
(Sony)

1984 legte Jean-Michel Jarre ein visionäres
Werk vor, das zu den allerersten Musik-
alben gehörte, die umfassenden Gebrauch
von der neuen Sampler-Technologie mach-
ten. Mit Hilfe des Fairlight CMI Compu-
ters manipulierte er ethnische Stimmen aus
25 Ländern, wodurch eine Art innovativer
„phonetischer Sinfonie" entstand, mit der er
auch Pierre Schaeffer – seinen Mentor im
Bereich der Musique concrète – glücklich
gemacht haben dürfte. Neu war zudem, dass
Jarre auf eine hochkompetente Fusionband
(u.a. Adrian Belew und Marcus Miller) und
die Performance-Künstlerin Laurie Ander-
son zurückgriff. „Zoolook" wurde bereits
mehrfach remastert, doch das exzellente
neue Mastering von David Perreau erschafft
mehr Druck, Transparenz und vor allem fas-
zinierenden Raumklang, womit man in diese
außergewöhnliche, fremdartige Klangwelt
mit hoher Psychoakustik noch tiefer eintau-
chen kann. Es gibt nicht viele Extras, doch
dem Album liegt ein farbenfrohes doppel-
seitiges 80er-Poster von Jarre bei; zudem
gibt es als Bonustrack den Titel „Moon Ma-
chine". Der fand sich bereits 1991 auf der
Compilation „Images", tönt nun aber merk-
lich zugkräftiger.

*** *Walter Sehrer*

Hardrock/Popmetal

BON JOVI
„Slippery When Wet" (2CD)
(Mercury/Universal)

Bon Jovi waren eine der Bands, denen man in den Achtzigern und Neunzigern nicht entkommen konnte. Die eingängigen Refrains mit „Mitgröl-Passagen" („Livin' On A Prayer", „Wild In The Streets"), Feuerzeug-Romantik („Wanted Dead Or Alive") und unverkennbaren Melodien („I'd Die For You") kamen bei fast allen an. Die aktuelle Ausgabe des Albums klingt organischer, da die Synthies nicht mehr so präsent und die Gitarren in den Mitten betonter sind. Mit Expertise remastert! Die Bonus-CD enthält drei unterschiedliche Mixe von Album-Tracks (die reine Akustik-Version von „Wanted Dead Or Alive" gefällt) und vier Live-Nummern von 1987 (klasse Sound, mehr Druck). Das 12-seitige Booklet der Jewelcase-Ausgabe enthält die Texte und zwei Fotos der Band, die mit Hot-Pants- und Bikini-Miezen Autos waschen (oder andeutungsweise deren Popo) und so den Titel in eine jugendfreie Zone lenken. Wild!

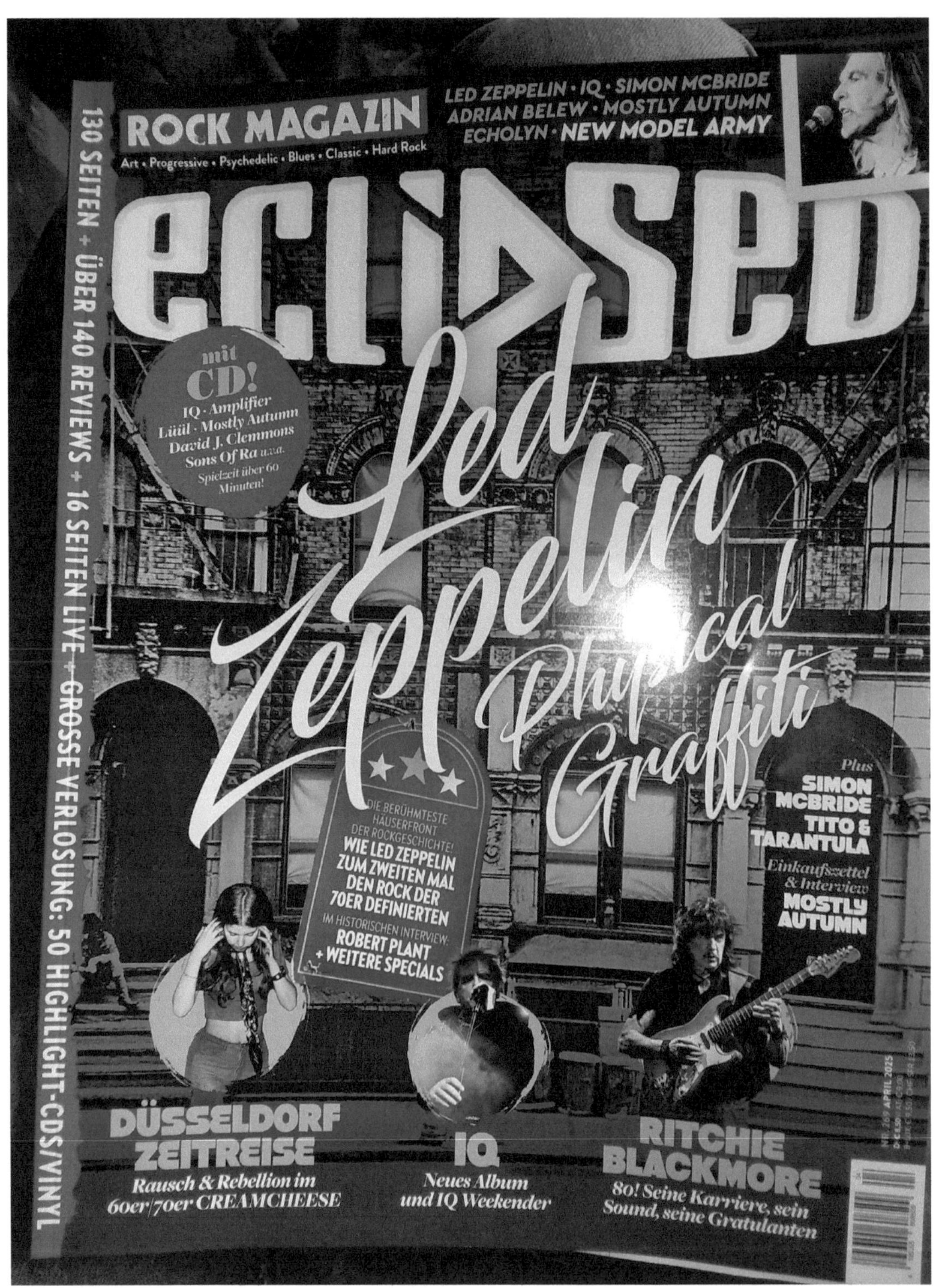
ROCK MAGAZIN
Art · Progressive · Psychedelic · Blues · Classic · Hard Rock
LED ZEPPELIN · IQ · SIMON MCBRIDE
ADRIAN BELEW · MOSTLY AUTUMN
ECHOLYN · NEW MODEL ARMY
eclipsed
130 SEITEN + ÜBER 140 REVIEWS + 16 SEITEN LIVE + GROSSE VERLOSUNG: 50 HIGHLIGHT-CDS/VINYL
mit CD!
IQ · Amplifier
Lüül · Mostly Autumn
David J. Clemmons
Sons Of Ra u.v.a.
Spielzeit über 60
Minuten!
Led
Zeppelin
Physical
Graffiti
DIE BERÜHMTESTE
HÄUSERFRONT
DER ROCKGESCHICHTE!
WIE LED ZEPPELIN
ZUM ZWEITEN MAL
DEN ROCK DER
70ER DEFINIERTEN
IM HISTORISCHEN INTERVIEW:
ROBERT PLANT
+ WEITERE SPECIALS
Plus
SIMON
MCBRIDE
TITO &
TARANTULA
Einkaufszettel
& Interview
MOSTLY
AUTUMN
DÜSSELDORF
ZEITREISE
Rausch & Rebellion im
60er/70er CREAMCHEESE
IQ
Neues Album
und IQ Weekender
RITCHIE
BLACKMORE
80! Seine Karriere, sein
Sound, seine Gratulanten

...lette Besetzung, ...
...nen Schlagzeugers Bill Berry, um
...rsuasion" zu spielen. Seitdem
...küche um eine eigentlich von
... ausgeschlossene Reunion.

Nach der Tour wird der Schotte wie angekündigt seinen Online-Shop schließen, und es wird keine Nachpressungen geben.

Nachdem **PAUL McCARTNEY** eindringlich vor Künstlicher Intelligenz und ihren negativen Folgen für Musiker gewarnt hatte, meldeten sich nun weitere Kollegen zu Wort. So sagte **BRIAN MAY** gegenüber der Daily Mail: „Ich befürchte, dass es bereits zu spät ist. Der Diebstahl wurde bereits begangen und ist unaufhaltsam, wie so viele andere Eingriffe, die diese schrecklich arroganten Milliardäre, die Eigentümer von KI und sozialen Medien, in unser Leben vornehmen." **JIMMY PAGE** schrieb wiederum auf Facebook, dass die menschliche Kreativität vor der KI verteidigt werden müsse – „nicht nur, um die Rechte der Künstler zu schützen, sondern auch die Seele unseres kulturellen Erbes".

Angeblich arbeitet **PETER HAMMILL** gerade ... Das letzte reguläre

4. April. F...
als Gastm...
Palladino...

Der britis...
verstarb...
in Cornw...
Mitglieds...
an deren...
mitwirkt...

„*In meiner Welt gibt es ein Gitarren-Solo, ein Keyboard-Solo und vielleicht ein Bass-Solo. In diesem Song gibt es dagegen ein Sprech-Solo. In was für einer Welt leben wir?!*"

(Mike Portnoy [Dream Theater] über den Song „Shake It Off" von Taylor Swift)

BRIAN SETZER kann derzeit aufgrund

ST VINCENT

ANNWEILER AM TRIFELS 27. März 2025

Wie, Du hast vergessen,
Kaffee zu kaufen?!?

TONY BANKS & PETER GABRIEL (1965)

AT CHARTERHOUSE SCHOOL

Bei Musiklegasteniker ist Fragezeichen - die Musikinsider wissen wo Tony und Peter ist!

VINYL AUSTRIA

19 Std. ·

Die Aufnahmen sind schon alt, aber die Musik ist hochgradig aktuell und völlig zeitlos.

Die beiden Haudegen haben überwiegend ihre Klassiker von Led Zeppelin genommen und diese, ihrem gemeinsamen Anliegen folgend, in ein neues -nämlich orientalisches- Gewand gehüllt. Zum Großteil sind so völlig neue Songs entstanden, die Emotionen, Liebe und grenzenlose Verbundenheit ausdrücken. Den Begleitmusikern aus Ägypten und Indien begegnen die Superstars wie gewohnt mit allergrößtem Respekt. Und sie sind leidenschaftlich bei der gemeinsamen Sache.

Es reihen sich viele Überraschungen und einige Highlights aneinander. Zu Letzteren zähle ich „Gallows Pole" und „Kashmir".

Eine Empfehlung, nicht für jeden, aber für jeden, der leidenschaftliche, experimentelle Musik mag. Weniger anzeigen

Wissen macht den Unterschied

29. März um 10:00 ·

Dieses Bild ist ein klassisches Beispiel für den Futurismus der 1930er Jahre, in dem Künstler und Illustratoren sich vorstellten, wie die Zukunft auf Grundlage der technologischen Trends ihrer Zeit aussehen könnte. Im frühen 20. Jahrhundert, besonders in den 1930er Jahren, gab es ein großes Interesse daran, wie Technologie den Alltag verändern könnte. Viele Menschen waren von den Möglichkeiten fasziniert, die sich in einer damals rasch verändernden technologischen Landschaft boten, und Erfindungen wie das Telefon, das Radio und das frühe Fernsehen fesselten die Vorstellungskraft der Öffentlichkeit.

EINIGE MEINER CLASSIC FOTOS (siehe in vielen Büchern mit meinen Fotos)

Gerd Steinkoenig
Zeit des Lebens

MICHELLE YOUNG
MARKED FOR MADNESS

2-5

Gerd Stein

29. März um 16:44 ·

My GENESIS-Album-Top 10

1 The Lamb Lies Down On Broadway (1974)

2 and then there were three (1978)

3 Wind and Wuthering (1976)

4 A Trick Of The Tail (1976)

5 Selling England By The Pound (1973)

6 Foxtrot (1972)

7 Nursery Cryme (1971)

8 Invisible Touch (1986)

9 We Can't Dance (1991)

10 Duke (1980)

My GENESIS-Live-Album-Top 3

1 Seconds Out (1977)

2 BBC Broadcasts (5 CD-Box, 2023)

3 Live (1973)

My GENESIS-Album-Sampler-Top 1

Platinum Collection (3 CD-Box)